상처도 오래 묵으면 꽃이 된다

상처도 오래 묵으면 꽃이 된다

초판 1쇄 발행 | 2025년 6월 19일

지은이 | 김광선
펴낸이 | 황규관

펴낸곳 | (주)삶창
출판등록 | 2010년 11월 30일 제2010-000168호
주소 | 04149 서울시 마포구 대흥로 84-6, 302호
전화 | 02-848-3097
팩스 | 02-848-3094

ⓒ김광선, 2025
ISBN 978-89-6655-192-7 03810

* 이 책의 내용의 전부 또는 일부를 재사용하려면
  반드시 지은이와 삶창 양측의 동의를 받아야 합니다.
* 책값은 뒤표지에 표시되어 있습니다.

상처도 오래 묵으면 꽃이 된다

김
광
선

시
집

삶창

시인의 말

  유년의 지독한 가난과 불우한 사정으로 시작도 못 한 꿈들이 좌절되었기에 생활인으로 거대 자본주의의 중심에서 소모되고 명멸하는 고단한 조리사의 삶은, 이리 살아도 되나, 만조처럼 목구멍까지 차오를 때 날숨처럼 뱉어낸 시편들이 또 세상에 나가는가 보다.

  다시는 쓰지 않으리라, 어찌어찌 나룻배 올라타고 건너온 강은 길도 모르는 또 홀로 낯선 시간이었다. 떠나온 곳이 어디였더라, 아슴아슴 돌아보니 안개 강 건너편 나루터가 보이지 않는다. 두려운 마음에 조금은 걱정이 앞선다.

  우리 동네 유등천 천변 둔덕은 벌써 묵은 싹 사이로 파릇파릇 푸른 새싹이 돋고 있다. 세상 하찮고 외진 곳 자투리땅이라도 내 시편들이 그렇게 파릇파릇 봄 쑥처럼 돋아났으면 좋겠다.

차례

시인의 말 / 5

1부 그때 거기 있었다 / 12
상처도 오래 묵으면 꽃이 된다 / 14
무화과나무 / 16
아버지와 벚꽃 / 17
파뿌리 / 18
북쪽 / 20
흉터 / 22
기둥 / 24
겨울바람은 냄새가 배어 있다 / 26
봄날이 간다 / 27
도자기 한 점 / 28
목련꽃 거리 / 30
매질 소리 / 32
종이비행기 / 34
어느 날 유리창이 깨지다 / 36

2부 돌아오지 않는 길 / 38

가시 많은 생선 / 40

청상 / 42

조금녜와 동백 / 44

문신 / 46

어떤 여자의 일생 / 48

보리 필 무렵 / 50

낫 / 51

진달래꽃 / 52

횟대보 / 54

종부의 장독대 / 56

사람 찾기 / 58

섬 동백 / 60

우화(羽化)의 습지 / 62

3부 뒷걸음질 / 64

은발 / 66

가을 외출 / 67

법원에서 / 68

어느 소목장(小木匠)의 이야기 / 70

수묵의 선 / 72

비린내 / 74

헌 구둣방에서 아버지 냄새가 난다 / 76

부서지는 순간에서 / 78

원치 않는 역 / 80

기찻길 옆 / 82

피는 꽃 지는 꽃 / 84

창자 / 86

아내의 인두화(畵) / 88

냇가에서 / 90

4부 봄꽃 어디쯤 / 94

칼의 미학 2 / 96

칼의 미학 3 / 98

차 꽁무니 / 100

조리사 일기 1 / 102

조리사 일기 2 / 104

조리사 일기 4 / 106

조리사 일기 5 / 108

조리사 일기 7 / 109

조리사 일기 12 / 111

조리사 일기 22 / 113

곤계란 / 115

해설 두 개의 힘과 상처의 사유/ 117

박수연

1부

그때 거기 있었다

거대한 물줄기 속에 서 있었다
길거리로 쏟아져 나온 젊은이들 속에서
일자리가 떨어진 식당 보이는
오늘 밤 당장 먹고 잘 곳이 묘연했다
허름한 빌딩
지린내가 풍기는 낡은 계단
허벅지가 뻐근하도록 직업소개소를 오르내리며
당장 먹고 잘 곳을 걱정했다
데모꾼들 때문에 장사가 안 돼,
갈 곳이 없다는 직업소개소 직원 말을 뒤로하고
희부연 유리창으로 내다본
매캐한 냄새가 감도는 서울 거리
원망처럼 환한 백주에는
한 떼의 물결이 격하게 흘러가고
까맣게 멀어져가는 뒤꽁무니에서 몽롱하니
홀로 서 있었다
꽃잎이었다, 격랑의 소용돌이 속에서
휩쓸리다가 또 바위에 부딪쳐

젊음은 그렇게 산산이 흩어지고 있었다

상처도 오래 묵으면 꽃이 된다

붉은 찔레 장미는 사납고 뾰족한 경계의 철망이
욕스러워도 때론 버팀목이 되는가 보다
철 이른 더위 바람이 세다
아픈 이름에 기대어 서로에게 생채기를 내어
안쓰러워 뜨거운 자리마다 붉게 피는가
밥은 자유를 구속하고 비판은 삶이 빈곤했다
낙오의 순간마다 지는 꽃잎처럼 되물었다
잊지 않고 상처에서 다시 꽃을 피울 때 염원할 때
꿈이 짓이겨진 내 안의 상처는
어느 순간에 피었던가, 어느 결에 졌던가
문득 혼자가 되어
무수히 피고 졌던 가지마다 꽃이 진 흉터들
삶은 무섭고도 지독하게 아름다워라,
지금 누리는 행복이 누구의 지난한 아픔이었고
소소리바람 같은 고통이었을까
떠나간 것들이 다시 오지 않는 길목에서도
따뜻한 밥 한 그릇
무수히 진 꽃잎들에게 미안하다

행복도 불행도 겹쳐서 피고 겹쳐서 지는 삶의 자리
잊지 말라고 꼭 그 자리에서 피어나는
상처도 오래 묵으면 꽃이 된다

무화과나무

젊은 날 그것은 어눌한 꽃이라
행운처럼 찾아온 열매인 줄만 알았다
안으로 곪듯이 벌건 생살의 아픔은
침묵으로 어금니 깨물어도
꼭 피워보고 싶은 가수의 꿈은
어느 물줄기 휘돌아온 산굽이에서
격정의 몸짓으로 사당패처럼 춤춰보고 싶었다
여리고도 무른 풋가슴 사랑으로
맺혀가던 환장하듯 삶이여,
할퀴고 가는 바람에도 끝자락 하늘하늘
춤추다 흩날리는 홑겹 치마 꽃잎은
아등바등 틈바구니 한 움큼 주먹도 눈물로 쥐었다
보일락 말락 금 간 화병처럼 기어이 터져
응얼응얼 물큰하게 여문 날에야
아서라, 붉은 살 속 꽃 수술만 생식기처럼 여물어
다시 죽는다 한들
언젠가는 피우고야 말리라고 못내 덜 핀
이 땅 애달픈 꽃들이여

아버지와 벚꽃

먼 길 달려가 늦은 점심으로
짬뽕밥 한 그릇씩 사 먹고
다리 하나를 건넌다
홑겹 꽃잎을 세차게 흔드는 사월의 바람은
날이 배어 있어
애꿎은 꽃잎마저 베고 가는가,
마치 꽃잎처럼
저만큼 날아가는 아버지의 모자

무채색의 자그마한 남도 소읍
생활하수가 흘러가는 다리 아래로
꽃잎이 떨어진 난처한 봄날
하얗게
그제야 하얗게 시린 봄날 수채화 같은
봄볕 아래서 섧다

아버지의 백발

파뿌리

검은 머리 파뿌리가 되도록 살자던가,

온통 흙투성이를 씻으며
어찌도 이리 올올마다 작은 거 하나라도
피가 맺히도록 움켜쥐었던가,
줄기로 밀어 올리고자 근심 같은 잔뿌리는
흔들릴 때마다 버티려 뭐라도 움켜쥐고
풍치처럼 시린 바람 소리
쓰러지지 않기 위해 들썽거렸던 밤들
누구라서 욕심이라 손가락질 할까

독하고 모질어서 향이 진한 사람살이를
꼭 닮은 파뿌리의 삶
대가 타들어갈 때마다
안으로 슬그머니 누더기 같은 맘 한 겹을 덧대어
곧추세웠던 삶의 자리들
온통 흙투성이를 씻다가 오늘 문득 봄볕 서럽다
머릿결은 아직도 성성한데

하,
파뿌리를 닮아가는 내 손이여

북쪽*

허름한 난로 앞 외면하듯 돌아서서 데우는
시간의 북쪽은
군더더기 하나 없는 메마른 등짝이다
얼굴을 보지 않고도 익히 아는
엇비슷한 허드렛일 기다리는 졸음이
말 걸어올까, 먼 시선은 서로에게 등짝을 대고
순번을 기다리며 묵묵히 먼동이 트는
남보다 이른 아침이다

다 한때였다고 가슴의 물보라
내다보면 저 휑한 길거리처럼 먹먹한데
봄꽃처럼 흩날린 기억일 뿐
호명되는 이름 오늘 그는 무사하구나,
햇살처럼 튕겨 나가는 그들의 호구
우리들의 절벽은 닮아 있어
더욱 완강하게 보이지 않으려는 치부였을까

하루에도 수없이 들키고 살았을

계곡처럼 살 한 점 없이 허물어진 가파른 경사
염원이 거기에 있어
약은 체 밝은 곳으로만 딛지 않았어도
분주하게 아등바등 삶이여
안타까운 햇살이 얼굴에 스며든다, 어느새
내 북쪽은 민낯으로 어찌할 바를 모르고

* 이면우 시인의 「생의 북쪽」에서 따옴.

흉터

K2 미군 비행장 부근, 하루에도 수없이
비행기가 뜨고 앉는 동네 외진 골목의 가내공장
센서로 감지되는 전기회전톱에
손이 날아갈 뻔한 상처는
그때나 지금이나 별반 다를 것 없는
고된 노동의 현장에서
이제는 흉터도 희미해진 곳을 부딪쳤는데
그날의 기억처럼 새삼 아프다

아주 오랜 세월이 지났는데도
참기 어려운 고통
사방 지천으로 꽃들이 피어난다
흉터가 희미해질 때쯤 덧나듯 피어나는 꽃잎은
바람 끝에 주렁주렁 눈물만 같아서
많은 시간이 지나도 상처란 건들면
불에 덴 듯 마음이 바늘처럼 일어서는 것

사복 차림 흑인 병사가

카세트를 어깨에 얹고 큰 엉덩이를 흔들며
돌아나가는 골목길 끝을 아스라이 바라보던
고단한 반도 이남 땅 기숙사 공돌이의 꿈은
이 상처 빨리 아물어
어디로든 멀리 벗어나고픈 비겁한 맘이 전부였다
천지를 뒤흔드는 전투기 굉음
손의 상처처럼 찢으며 일직선으로 날아올랐다

기둥

기둥이기를 원했다, 사그라져가는 믿음도
바닥날 즈음, 빼도 박도 못하는 팔자라는 것
다행히도 공부 잘하는 딸려 온 보릿자루
뭐라도 해서 꼭 성공해야 한다
비탈밭 고구마순은 재를 넘는 중모리, 중중모리
탁한 가래를 뱉는 소리도 구성진 장단이 되는
신세 한탄 육자배기는
저 아래 구불구불 신작로 길 햇살같이
올랑가, 씨부랄 것 갈랑가

대들보 위로 처마를 받들고 있는 절집
단청 아래 붉은 칠 해쓱한 기둥
잠시도 비켜설 수 없는 팍팍한 사람살이처럼
비바람은 잠시도 비껴가지 않았으리라
볕 좋은 날
정남향으로 한껏 뙤약볕 외로움이
물결처럼 여울이 진 살은 임부 뱃살처럼 터서
골분마저 내어주고 있는가,

잔 근심이라던가, 뭇생명 드나든 흔적은
훨훨 날아갈 수 없는 생
새 뼈처럼 천공이 되어 가벼워지고 있는 중이다
비 내리면 퉁퉁 불었다가 쪄지듯
수분이 빠져나간 결로 쩍쩍 갈라진 시간의 속살
어느 결에 밭은 한숨이라던가,
차마 벗어날 수 없는 자리에서
서성거리며 죽어라 버티고 있는 기둥은

겨울바람은 냄새가 배어 있다

겨울에 부는 바람은 언제나 날이 서 있다
서울행 무궁화호 열차, 간이역에서
올라타는 사람들의 몸에서 전나무 냄새가 난다
거리마다 나무들 받아놓은 가시로
유리 같이 냉랭한 그곳을 향해 농성을 하는
겨울 냉기는 날이 서 있다
하늬바람에 부푼 신록의 잎들은 웃음으로
흰 이 하얗게 뒤집어지지만
겨울 회초리 같은 바람은 밑동부터 후리던 일
그루터기마다 아름드리 서 있는 나무들은
가시를 세우고 버티고 서서
우듬지 훑고 가는 바람을 차라리 몸에 감는다
싸한 기운으로 겨울 거리를 서성거리는
매운 가시와 바람
불안한 대치의 양상은 너무나도 많은 일이
너무나도 아무 일 일어나지 않는
삶의 허공은 금방이라도 깨질 듯 유리처럼 팽팽하다
겨울바람은 날이 서 있고
나무들은 화살을 쏘려는 듯 도열해 있다

봄날이 간다

골프장 식당 뒤편에 댄 낡은 이동트럭
'칼, 가위 가는 대장장이'라는 간판을 달고 있다
원색의 골프복들은 환한 햇볕을 받으며
카트를 타고 필드로 들고 나는데
하얀 방진마스크 호흡 따라 새까맣게 얼룩져가고
오랜 노동은 그의 폐처럼 켜켜이
차 안은 온통 몇 겹인지 모를 먼지 집을 지었다
세상에 좀체 길들여지지 않았을 생처럼
그라인더 모터에 말린 까칠한 사포는
들물 날물처럼 바삐 돌아나가고
위태로운 원심력에 뭉툭한 날을 댈 때마다
어둡고 눅눅한 기침을 뱉는다
인광처럼 퍼렇게 눈을 뜨는 칼
더 달궈져 날이 죽지 않을까, 과장되지 않은 가슴
쓸어내리듯 찬물에 담가 더운 숨 몰래 내쉰다
딱딱, 공 소리에도
아카시아 꽃망울 오지게 터지는 봄날

도자기 한 점

시간으로 다져진 지층을 흙으로 빻고
숨결 같은 망으로 거르고 또 걸러도
물에 풀어 흘러간 속절없는 사랑이란
무엇 하나 넉넉하게 볼 수도 없이
혼탁해지고 있었다
다 버려야 하나를 얻는 거다
해맑은 웃음마저 앙금으로 가라앉고 있었다

불가마 어디 따로 있던가,
앙금으로 빚는 일은 힘껏 나를 일으켜 세우는 일
조금씩 수분이 메말라갈 때
가슴에 문양은 지울 수도 없이 채색되고
이글이글 고열에서 힘껏 사그라진 다음에야
그의 곁에 서 있는 것만으로도
총총한 눈빛이 흔들릴 때
저물어간 깊이는 바람 소리로 고독하였다

섣불리 비틀거릴 수 없는 완만한 구도

담금질의 눈동자는 호수에 닿을까
파문의 물결은
격한 손톱 아래쪽 낮달만큼 배시시 웃고
다독다독 빚어낸 안쪽은
손자국마다 갈대숲으로 굳어갔으리라,
욕되어도 무너질 수 없는 것이 차마 생이라서
막막한 그릇의 입구는
못다 한 얘기로 응어리 깊어만 갔다

목련꽃 거리

최악의 경기에 매장이 줄면서
나 때문에 누군가는 저 거리로 나설 텐데
길마다 목련 꽃잎이 환하다
매운바람 끝
시린 가지에 커다란 꽃잎만 덩그러니
꽃잎에서 오늘따라 역한 비린내가 난다
누군가는 안도하고 누군가는 떠날 것이다
때론 밟힌 신발 자국 같은 모양
낱개로 떨어진 꽃잎은 조금씩 잊힐 것이다
능력이란 어지러운 바람줄기 같이
해석 따라 피고 지던 이력서가 무참히 지는
생경한 봄
뒤따라 피는 꽃 앞에서 참혹할까 두렵다
모두가 말린다
등 떠밀 때까지 버티라고, 언젠가는
발등 아래 까맣게 변색된 말만 수북하고
미안한 듯 변명의 이파리를 바람줄기에 매다느라
다시 분주해지겠지

미안하다, 바람 앞에서 대책 없이 서둔 계절
꽃잎을 밟고 가는 저녁이다

매질 소리

폐 깊숙한 곳 고단하게 뿜어낸 생의 풀무질도
한가슴 쇳물로 철철 인고의 어깨는
시간의 마디마다 불의 인대로 엮었다
뼈까지 녹인 쇠의 마음에 모진 매질 소리
저물도록 쇠 우는 소리
접쇠의 담금질은
하나의 칼이 되기 위한 몸부림인가,
창자를 두드려 이마와 이마를 맞대는 작업은
힘껏 부서져
붉은 포말로 산산이 흩어진다
두드리고 접고 다시 두드리고 접고
고단한 매질 소리 서늘한 담금질은 푸른 연기로
숨비소리 뜨겁게 건져질 때에야
늑골을 타고 오르는 잉걸은 어느덧 식고
미라처럼 굳은 형체를 드러낸다
쇳내가 목젖에서 쓰리고 힘줄마다 못이 박혀도
끝내 확인하고픈 이승의 매질 소리
대장장이 아득한 불씨에 바람이 기웃거린다

결코 용납 않겠다는 무뚝뚝한 쇠의 빛은 오직
연마의 대각(大覺)으로 빛나는 것이라고
형체마저 지울 듯 갈고 닦고 또 갈고 닦고
기어코 푸른 날이 일어서고 있었다

종이비행기

어렸을 적 마치 꿈처럼 종이비행기를 날렸다
마음보다 멀리 더 멀리
바람의 저항까지 생각하여 더욱
힘껏 던졌으나 그것은 포물선을 그리거나
내 마음 끝 반도 못 가 곤두박질치기 일쑤였다
높은 곳에서 날려보기도 하고
때론 낮은 곳에서
하늘 향해 힘껏 던져보기도 하고

재활용품을 버리는 날
차곡차곡 쌓은 폐박스를 분리수거장에
종이비행기처럼 힘껏 던졌다, 그러나
언제나 그렇듯 바람의 저항은 보란 듯이
제각각 엉뚱한 곳으로 날아가서
아무렇게나 흩어진다
발등으로 날아와 곤두박질치던 어릴 적 종이비행기
처럼
   마치 부서진 꿈의 파편처럼

삶이란 그런 거였다

미처 묶지 않아 낱장 같은 시간을
다시 차곡차곡 추려 일기처럼 포개놓는다
가지런히 쌓아놓는다

어느 날 유리창이 깨지다

안위는 불안한 것이다
경계가 뭐 있겠냐고 격의 없이 나눈 대화들
그래,
그게 허물이 되었는지도 모르지

아, 곤란한 생애
한순간 파열음에 일그러진 한낮은 멀쩡하고
내 안의 독기는 파편으로 드러났다

드나든 모든 출구는 가짜였다
쏟아낸 말들처럼 주워 담기에도 겁이 나는
예리한 모서리들

쉽게 일그러지지 않고 깨지지 않으려 했다
불안한 경계
정지된 일순간에 내가 놓여 있었다
다치지 않는 것이 내내 불안하다

2부

돌아오지 않는 길

한 아이 한 여인을 믿고 굽이굽이
남도길 끝자락 외딴섬으로 따라갔었네
사철 갯바람에 해마다 동백은 붉고
물너울만 허옇게 악다구니로 거품 물고
갯바위에 산산이 냅다 삶처럼 깨지고 말던
욕 잘하는 앙칼진 여인에게서
훨훨 죽어서라도 벗어나고 싶었던 섬
아이는 커서 섬에 다시 갈 때마다
납덩이를 받아내느라 영락없이 콜록거리는 가슴은
갯바람만 쌩쌩 들썽거렸다
여인은 홀로 고스란히 섬이 되었다
단감이 물러 홍시가 되고 가지 끝에서 쪼그라들고
옛날 그 아이 따라 굽이굽이 뱃길 산길
시설이 깨끗한 요양원으로 따라나선다
자주 찾아뵙겠다고, 콩가루 한 움큼 삼킨 목울대로
아이는 약속하지만
문밖 들썽거리는 바람처럼 이내 체념하듯
쌀밥 한입 욱여넣으며 손사래로

바쁜데 어여 가라네

가시 많은 생선

내 마음속 가시가 많은들 준치처럼 많을까
엄니는 줄곧 가장 고소한 생선이라며
준치회를 먹이곤 하였다
당신 가슴처럼 난도질에 푹 파인 낡은 나무 도마
살 속 가시가 많아서
포를 뜨고도 칼로 탕탕 잔가시를 다져 내놓던
'준치 사시미'
사철 갯바람 속에서도 철없이 고소했다
엄니 손잡고 따라온 외딴섬
은빛 준치 등 비늘 하얗게 벗겨지던 섬
어느덧 설움도 까맣게 붉은 고추장에 버무려진다
미워해서 서로가 불쌍하고 그리하여
서로에게 상처를 냈던 파도 끝자락
지천명, 불투명한 나이는 아직도 잔가시 같은 기억들
선명하게 발리어 나간 생선의 등뼈를 가늠한다
오랜만에 온 자식놈
뭐라도 해 먹일까 달그락, 달그락
꼭두새벽 살도 다 닳아버린

굽어버린 허리로 그믐달이 짠하게 웃는다

청상
―소나무 아래서

내 어머니도 홀로 나를 가져 열 달을 키울 때
온몸 살이 트고 아문 흔적들이
고스란히 쪼그라들어 노을 발그레 저녁 강물
잔물결이 되었을 테지
수많은 날들 바늘 끝처럼 곤두세우고
다 씹어묵지야, 버텨낸 세월은
담금질하듯 한 자리에서 꿋꿋이 벼리고 섰으니
그런대로 꽃도 피고 새도 날아들더라,
세상 미끈한 것이 어디 있다던
한 시절 잠깐이라도 꽃을 피우려면
겨우내 시린 물 뼈끝으로 길어 올려야 하니라,
마디가 시리고 아플 때
또 한 마디 멍울지듯 여무는 것이라서
시간의 속살은 파안(破顔)의 웃음으로 여울지고
파문의 깊이는
천 번 만 번 찢겨 살이 트고 아물기를 반복하였다
누군들 여기 떠나고 싶지 않았겠냐
그래도 버티어 봉께 옘병할, 다 살아지더라,

큰 그늘 밑동
살은 그대로 쪼그라들어 겉껍질 나풀거리며
그새 바람이 되려고 하네

조금녜와 동백

잠이 덜 깬 새벽 소변기 앞
아랫배까지 탱탱한 그것을 애서 조준한다
새 학기 창문 너머로 동백꽃 활짝 핀
교내 화장실
열린 유리창 너머로 오줌 줄기를 자랑하던
파도 끝자락 외딴섬 중학교

낄낄거리며 서로의 것을 확인하면서
동백꽃만 수줍어 괜스레 붉고
여울져 넘어가는 한 시절 바다는
청해호, 덕일호*
섬 귀퉁이 돌아나가는 물굽이는 유행가로 번졌다
둥그런 여객선 꽁무니에 사무친
낭창낭창 섬 아낙 억센 허리처럼 가녀린

화전놀이 장고 소리에 유행가 섧던
동백꽃 붉은 가지는 한 잔 술에 얼근해서
물너울 넘어간 중선배**만 기다렸지

애타게 섬이 붉은 조금녜***들은

객선 밑바닥 삼등칸

아무렇게나 누워 지린 갯내로 서방 찾아갔다

동백 꿀 달디단 지지리 가난은

* 여수와 나로도, 거문도를 오가던 여객선 이름.
** 안강망 어선
*** 안강망 어선이 조금이면 들어와 '간조'(급여)를 직접 받으러 여수 판장으로 남편을 찾아가던 뱃사람 여인들.

문신

잔물결 급물결 일렁인 바다는 샛바람 치고
흘러든 섬 구석 살거나 말거나,
탁한 가래침도 장단처럼 받는 육자배기는
갯바위만 광대뼈로 툭 불거졌다
궂은 심사는 틈서리마다 거품으로 사납게 돌아나가고
어디서 야매로 하셨나, 퍼렇게 그어진
엄니 가짜 눈썹이 고단하게 일그러진다

자주 먼 곳에 던져놓는 시선
칼칼한 성미는 독설을 뿜을 때마다
실룩이는 당신의 유일한 문신
세상사 얼룩도 희미한 하늘에는 하현달로
삭은 가슴이라던가, 반달 붉게 떠 있고
파리똥 수북한 전구 아래서
고단하게 일어서는 물결의 정수리
갯바위 틈에서 부서진 독설의 거품이 섬뜩하다

비탈밭 아침이슬 깔고 앉으면
고랑마다 시퍼런 지심들 어쩔까나, 어쩔까나
시린 마디마다 바람이 차서 발갛게
타든 감잎처럼 힘줄도 다 불거져부렀는디,
병든 자식놈에 가지가 휘는 심사는
염병 맞게 이파리도 없이
물기도 다 빠져 훤한 하늘만 떴네

어떤 여자의 일생*

한때는 봄꽃으로 환했던 잔가지마다
아득바득 매달린 안간힘으로
물기도 없는 늦가을 이파리들이
파르르 떨며 초췌하다
흥겨운 노랫소리에도 눈빛만 초연한
천변요양원의 토요일 노래 봉사는
무명가수가 노래를 하고 색소폰 연주를 하고
창밖 바람 소리쯤 잠시 들리지 않는다
'여자의 일생'
입만 달싹달싹 박수를 치고 있는 무표정들
청보릿대 넘실넘실 남도길 외딴섬
고단한 시집살이도 한 시절 고운 꽃잎 같았던
농사짓기 전 화전놀이에
노래 장구 장단 구성지던 뱃사람 아낙
한 잔 술에 얼근했던 그 시절 더듬고 있을까
참빗으로 다듬은 세월도 쫓아가면 도망가고
외면하면 퍼붓던 행과 불행의 물너울
틀니를 앙다문 선선한 눈빛에 창밖은

숨결 같은 바람에도 기침하듯 낙엽은 시나브로 지고
웃지 않아도 파인 골마다
서둔 햇살 기울기에 음영이 짙다

* 이미자의 노래 〈여자의 일생〉에서 따옴.

보리 필 무렵

젖먹이를 놔두고 엄니 아부지는
들일 나가고
갓난아이는 배고파 울고
여덟 살 형아는 안고 어르다 못해
생기지도 않은 젖꼭지를 디밀었다
아이는 헤매듯 젖꼭지를 찾고
형아는 진저리를 치며
몸을 빼고
빼면 또 아이는 사납게 울던
부모는 오지 않고
청보릿대 물결 들바람만 휑하니 지나가는
외딴 섬마을
소 울음소리만 졸린 듯 길게 퍼졌다

낫

남정네 그렇게
수목장(葬)으로 떠나보내고
누렁이도 막내아들 등록금으로 떠난
외양간에는 낫이 아무렇게나 녹슬었다
이제는 홀로 되어
시집살이도 벗어났나 싶었는데
허리가 기역자로 굽어버린 여인이 홀로
앙가슴 벌렁벌렁
평상에 오롯이 걸터앉아 더운 숨 몰아쉰다
땅뙈기도
군살도 다 팔아버린 외딴섬 가을
눈빛에서 서편 하늘만
잉걸처럼 타는 환한 오후

진달래꽃

마늘대가 파란 돌담 밑
양지바른 곳
한 아이 웃통을 벗은 채 오소소 떨고 있다
쪽진 머리 반들거리는 할머니는
바늘 끝 쓱쓱 머릿결에 문지르고
내복 솔기를 꿰매고 있다

솔기마다 허옇게 뿌려놓은 서캐
슬금슬금 기어나오는 이
솔기 따라 잘근잘근 씹으며 퉤퉤 한다
춥다 칭얼대는 아이의
등짝을 후려쳐
소름 돋은 닭살에 우우 꽃물 들었다

어쩨야 쓰까이이, 그랑께나 말이여
저수지 넓적다리 숭한 빨래터에서는
봄볕보다 환한 수다들
까르르 웃음소리는 물 자락보다도 투명하여

꽃물 든 달거리 무명천 휘휘
부끄러울 것도 없이 빨던 어매들
슴벅슴벅 가지 끝에서 홑겹은 여민 속옷처럼
몰래몰래 지고

횟대보

사철 휘도는 갯바람, 물결 한나절 내내 휘감기고
한 땀 한 땀 십자수 꽃 그림자 뒤로 걸린
옷들은 퀴퀴한 뼈마디로 쑤셔도
순한 땀 냄새들
재 넘어온 샛바람은 솔숲 지나
소쩍새 울음처럼 아린 이빨 밤새 들썽거렸지

말갛게 갠 설움 같은 새벽
한가득 문 거품으로 또 한나절 시절마저
무얼 그렇게 내뱉어쌓는지
씨발 것 시상, 쎗바닥 꽉 깨물고 죽어불지야,
시커멓게 바다가 뻘물로 뒤집어지고
요강을 붙든 엄니 구토는 멈추지 않고
고구마순 일렁이는 밭두둑은 자갈만 깎이고 있었다

태풍이 잦아들면 하얗게 떠밀려오던
물큰한 갑오징어 사체들
엉덩이 시큼한 여인네들은 죽어나간 갯것을

눈 번득이며 실컷 대야에 퍼 담았다
상한 살냄새도 햇볕 가장자리
장대 높이 매달아 휘이휘이 널었다
이제는 내장도 다 말라붙어버린 횟대보
낡은 가지에 새가 앉아 있는 정지된 한 폭이다
나프탈렌 냄새 고즈넉한 방 안

종부의 장독대

봄꽃 발그레 살랑거리는 홑겹처럼
환한 실오라기 햇살
장이 익어가는 장독은 탱글탱글 하였더라
금줄도 걷어진 지 오래
속치마 시린 바람 부정 탈까, 고된 시집살이는
맨드라미 꽃잎에 이슬방울만
아무도 몰래 묻어났지

고단할 때마다 닦고 닦아서
명주실 같은 햇살에 삼도천(三途川) 부신 주름마다
세월은 파안(破顔)처럼 여울져
가슴 저 깊이 새까만 장물엔
너무도 맑은 달이 뜨고 별이 지고
소쩍새 울음 두고 재 너머 떠나온 고향
반백 종부의 씨간장은
유리알이 엉겨 서리꽃으로 피었다

늦가을 뒤꼍 빈 가지에 매달린 홍시보다

더 발그레 가마솥에선
혼자 밥이 끓고
아궁이 남은 불에선
된장이 시름없이 끓어 앞산 먹먹한데
어째 가슴은 이리도 환한가,
물 마를 날 없던 손마디에 일렁이는 파문의 물결
서편 하늘이 오늘따라 참 붉어서 곱다

사람 찾기

　만국기 펄럭이는 외딴섬, 바다가 환히 보이는 초등학교 가을 운동회, 짝궁둥이라 놀림 받는 다리 절던 아이는 달리기 출발선에서 엄니 얼굴 한번 보고 싶었다. 갯바람에 그을리고 밭일에 탄 얼굴들 사이로 엄니 얼굴은 보이지 않았다. 오랜만에 학 무늬가 그려져 있는 양은 찬합에 귀하고 귀한 삶은 계란과 계란말이, 오늘 꼭 일등을 해야 하는데 엄니 얼굴은 보이지 않았다. 운동장 반 바퀴쯤 돌아, 땅바닥에 준비된 쪽지에 적힌 사람을 찾아 함께 달리는 사람 찾기, 아이는 달리기 시작했다. 다른 아이들 벌써 앞서기 시작하고 쪽지를 펴 든 아이들은 저마다 이름을 부르기 시작했다. 헉헉거리며 늦게 쪽지를 펴 든 아이는 다급했지만, 아이가 찾는 태권도 체육 선생님은 이미 나와 서성거리고 있었다. 발이 땅바닥에 두어 번 닿았을까 싶었는데 어느덧 일등을 먹었다. 일등의 기쁨보다는 팔이 아프고 다리가 아팠다. 손등에 새겨진 일등이라는 빨간 표식을 자랑하려 찾아간 엄니는 바람이 불어오는 쪽 갯바위처럼 우두커니 서 있었다. 사나운 파도 너울이 격하게 일렁이고 있었다. 살면서 그런 엄마 그런 선생님 스산하게 그리운 적 있었다.

섬 동백

혹여 그 자식 살아 있을지 모른다고, 외딴섬
바닷가 뼈만 앙상한 동백 한 그루
성성한 눈빛은
난리 통에 국방군으로 강제징집 당해서
행방불명 되어버린 아들 하나가 전부라서
뱃사람 아낙네 딸년 집
눈칫밥으로 해마다 붉게 핀 동백 한 그루

허나 기다림은 외로워도 행복해서
다 꼬부라진 허리 밭고랑 타고 앉으면
희미한 낮달에 갯바람만 들숨 날숨
억새꽃 흐드러진 날 아흔아홉 기다림을 접은
동백 한 그루
이제야 물어물어 훈장과 상장이 찾아온단다,
어머니 흔적을 찾아 갯바람처럼
전사자로 밝혀져 부대에서 찾아온다는
아들의 흔적

파도처럼 일렁이다가
서로가 물살처럼 비껴가버린 섬은
매운바람 끝 자상(刺傷)처럼
온 섬 울컥울컥 낭자하게 동백꽃 핀다

우화(羽化)의 습지

다음 생의 날개를 달아주는 일은 외롭고 고달픈 일이었나,

하나의 몸을 빌려 세상에 오고 그 몸 어느새 허물이 되어 벗겨지려 한다.

다시는 하늘을 보지 않으려는 듯 허리가 굽은 여인, 이미 날아간 그 날개 힘들까 감자 캐 보내려다 비탈에서 구른 여인, 뼈는 바스러지고 허물도 다 말라비틀어져 어느덧 문양만 남았다.

전화벨 소리가 갑자기 작아졌다고, 수화기 말소리가 갑자기 안 들린다고, 이미 날아올라 훨훨 날개는 제 날개 무거워질까, 당신의 청력 차마 말할 수 없다.

나도 이미 누구의 허물이 되었듯 그 날개 어느날 허물을 벗으려 할 때 떠나려는 날개를 붙들고 하소연할까. 숨이 막히는 우화의 습지, 제발 저것 좀 고쳐놓고 가라고.

3부

뒷걸음질

제 몸의 열 배도 넘는 메뚜기 사체를
한껏 어금니로 깨물고
뒷걸음질치고 있는 개미 7월의 한낮
저 안간힘은 진정 욕심이었나,
당장 끼니가 꿈이었던 시절부터 흐르던 땀은
매번 눈을 뜰 수 없었다
때 되면 배 든든히 채우고 설렁설렁
나만의 길 앞으로, 앞으로 나아가고 싶었다
하지만 비겁하지 않은
뒷걸음질쳐 돌아와
식구들의 따뜻한 저녁 오손도손 한 끼니는
또 내일을 살아갈 이유도 되었다
누군가 이렇게라도 해주었더라면,
개미의 뒷걸음에 밀려서 작은 돌들을 가만가만 치
워준다
다 늦은 한밤이나 되어
무늬도 희미해진 벽지 한껏 달궈진 벽이거나
겨울이면 웃풍 드는 시린 바람벽에

젖은 등을 기댈 수 있었던
개미는 오늘 밤 편히 잘 수 있을까
뒷걸음질로 아슬아슬 여기까지 왔다

은발

동네 미장원 무쇠 난로가 따뜻하다
지금쯤 연탄은 검은빛에서
잉걸을 품었던 시간으로
까만 침묵을 혼신의 힘을 다해
애써 데우며 더운 숨마저 사그라들고 있겠지
한몸처럼 꽉 끌어안고 싶었던
차고 매웠던 순간들
겨울이 가고 물기 촉촉한 봄은 다시 오겠지
뗏장 같이 핏기 없는 먹먹한 하늘
뿔뿔이 다 떠났는데
저녁 새들만 까만 뼈대로 제 둥지 찾아간다
바위가 풍파에 씻겨 돌이 되고
돌이 부서져 모래가 되는 동안
검은 머리는 가을 강변 갈대꽃이 되어갔다
쉼 없이 타는 연탄에 등이 따습다
창밖에는 어느덧 함박눈이 날리고
미장원 안에서는
가위 끝에서 사각사각 은발이 날린다

가을 외출

아픈 아내가 화장품을 사러 간다
물기 없는 이파리 몇 잎
가지 끝에서 안간힘으로 버티고 있는
12월 초입, 아내는
무릎에 바람이 지나가는지 가던 길을 멈추고
애써 걸음을 교정한다
홑겹의 봄꽃은 이미 지고
바람마저 나뒹구는 민낯 가을꽃 옆으로
떨어진 갈잎처럼
무릎을 주무르는 손등의 잎맥이 선명하다
행여 넘어질까 윽박지르듯 내미는
내 손을 애써 잡으며
천변 갈대가 흔들리듯 파마머리 아내의 뒤꼭지
그새 자란 염색 안 된 흰 뿌리가
민망한 듯 배시시 웃는다

법원에서

바삐 오가는 자동차 소음 사이에서도
예초기 소리가 요란하다, 법률사무소에서
가르쳐 준 대로 인지대와 송달료를 내고
사건 번호가 무엇을 의미하는지도, 가라면 가고
오라면 오고 어느 창구인지도 몰라
물어물어 행정소송 접수를 한다

오전조가 퇴근을 서두느라 주방 타일 바닥에
나물 삶아낸 미끈거리는 물을 퍼붓고 있었다
김이 펄펄 나는 빙판에서 어뜩 중심을 잃었다
접시는 공중으로 날아가고 몸은 물투성이가 되었다
준엄한 생계 앞에서 민낯은
병원을 다녀와서도 한 손으로 일을 해야 했다
어깨 힘줄이 거의 다 끊겼는데도
책임감에 두 달 더 일을 다녔다

다친 날짜를 착각하고 잘못 기입했다
병원 기록이 있는데도 근로복지공단은

그 이유 하나만으로 퇴행성으로 몰아갔다
법원 정문에서는 1인 시위자들
피켓마저 가을볕에 문구가 바래는데
무표정의 법원 직원들 우르르
점심을 먹으러 피하려는 듯 샛길로 나간다
법원 앞 잔디밭 풀을 깎는다
목이 잘려나간 풀냄새가 독하게 일어선다

어느 소목장(小木匠)의 이야기

찾아 헤맸다, 나무의 아득한 생애를
결은 개여울, 물 자락 같은 파안(破顔)의 삶이라서
고른 숨소리도 때로 휜 쪽은
햇볕으로 향한 곳이어서 욕된 날숨으로
까맣게 오그라들기도 했겠지
퍼렇게 길들인 끌로 서툰 가슴 쪼아낼 때
꼭 그만큼 채워지던 튼튼한 이음새여

오랜 세월 견디어 낸 목수의 손가락 마디처럼
파문으로 깊어간 여운의 용목*은
수없이 아파하고 흔들렸던 자리
하, 뒤틀리고 구부정한 형상이 생이라던가,
젖어들다 말라가고 다시 젖고 또 마르고
집착을 놓아버리는
꺼졌다가 다시 켜지는 시간이여

달군 인두로 지져 결을 살리는 담금질은
추운 시절을 견뎌낸 나이테가

더 옹골진 법이라고
살아나는 선은 투박하여 힘줄보다도 구불구불
여백마저 기어이 가을볕을 담아낸다
느티나무 밑동 그루터기
느림의 미학은 환한 미간의 물여울로 먼 시선
살 한 점 없는 얼굴에 깊은 골이 파인다

* 용트림처럼 나이테가 심하게 일그러진 결을 가진 나무.

수묵의 선

소리 없이 스며드는 게 고통이리라
어느덧 그것은 형상을 짓고
그어간 만큼 내 안에서부터 번져간 삶이고
염증처럼 가려워 긁은 생채기이리라
끊어질 듯 이어진 선은
어둡고 곽곽한 길
먼 곳에 걸린 시선만큼이나 그 거리 한때는
열두 발 상모처럼 휘날리기도 했겠다
여기다 싶어 쿡 찍어
섬세한 올 주저하듯 날개처럼 파르르 떨 때
피어나는 게 무엇이든 수묵의 깃들임은
메마르고 척박한 진실인가,
살자고 거품 문 곳은 여울처럼 힘준 곳이요
번져가 희미한 곳은
서둘러 빠져나간 나의 비겁한 등짝일 터
휜 듯 날아가는 선
거기에 날갯짓 수북한 깃털은 먹물도 메말라
여백이리라

수묵의 선이 힘줄로 다시 불거졌구나,
아직도 일구어야 할 시간의 텃밭
다시 여울은 끊어진 게 아니었으니

비린내

구수한 냄새라 우겼던 것이 비린내란다
어쩌면 비린내일지도 모르지
늦가을 산길
비에 젖은 낙엽은 피할 새도 없이
누군가 밟고 또 밟고 망사처럼
해지고 닳도록 결코 비겁하지 않게 끼니를 구한
어쩌면 비린내인지도 모른다, 배가 부르면
뒤쪽으로 넘어가지만
배가 고프면 몹쓸 굴욕처럼 앞쪽으로 휘는
골 깊이 파인 척추 양옆으로
봉긋이 솟은 살집은 천천히 젖어들고
한기로 마르는 등허리라 하지
등허리를 가려주는 작업복을 세탁기에 넣으며
아내는 킁킁 냄새를 맡는다
남이 먼저 알아본다는 내가 볼 수 없는
등허리,
땀과 기름때가 물결처럼 퍼지다가 얼룩진 등고선
이 삼복염천에, 하며

아내의 눈에 잠깐 열리는 반짝 저녁별
숨이 멎을 것 같이 맑아서 잠시
목젖이 환해지는 뜨거운 고통을 어쩌나,
그 옷이 충분히 젖어야만 끼니 엮는 생을

헌 구둣방에서 아버지 냄새가 난다

누군가 버리고 갔거나 잠시 맡긴
뒹구는 신발들, 그리고 그들만의 닳은 길들
다리를 저는 오래된 아저씨는
다시 가야 할 누군가의 길목을 수선하고 있다
뼈마디처럼 익숙한 작업대 옆으로
색깔도 바란 컬러TV가 신상품을 팔아도
굽이란 디딤돌 같은 것
바람이 쓸고 있는 길 너머로 아득한
멀리 수평선 어뜩 거죽만 남은
내 아버지 모습

낡은 구둣방에는 묵은 시간만 들락거리고
인쇄도 바랜 환한 지폐를 건네고 간다
낡은 것도 그의 손에서는 꼼지락, 꼼지락
봄꽃으로 피어나는데
창밖에선 꽃잎이 함박눈으로 바람 따라 흩날리고
무릎을 덮은 낡은 가죽 작업보에서
그의 손은 다시

꼼지락, 꼼지락 달팽이처럼 기어간다
천천히 봄햇살의 샅을 더듬듯

부서지는 순간에서

겨울 천변길 대나무밭이 성글다
아직은 공사 중
생살 벌겋게 드러난 길섶으로 옮겨 심어진 듯
대나무숲은 듬성듬성
오래 감지 않은 흰 머리칼이 부스스하다
실업급여를 받으며 아내와 같이 걷는 천변길
물살의 여운에도
다음 물살이 겹치는 것이 잠시 버겁다

사철 푸르러야 하는 대나무도
낙엽이 지고 작은 바람에도 흔들리는가,
한 마디를 지우고 또 한 마디가 여물 때
고막처럼 얇은 홑겹은 어찌 떨리지 않았을까
흩날리는 머리카락마저 소소하다
아내의 위로가 귀에 들어오질 않는다
먼 산 능선에 걸린 마음의 갈피

우리 보리밥이나 먹고 갈까,

웬 딴소리냐며 옆구리 꼬집듯 아내가 눈을 흘긴다
한가로움이 불안한 삶의 고삐들
저 물줄기가 쉬지 못하는 이유인지도 모르지
격류에선 거품 물고 저항하지만
물새들이 꿈꾸는 저문 강 나직이 드리운 그늘
부서지는 순간에서 빛났던 삶을

원치 않는 역

졸음은 잠깐이었다, 사는 게 권태로울 때쯤
내릴 역을 지나쳐 전혀 낯선 곳
겨울나무 맨 가지처럼 낱낱이 발골된
낡은 이력서 같은 그루터기는
빨리 벗어나야 한다고 허둥댈 때
시간이 점철된 외투를 추스르며 우듬지 미간이 떨렸다

되돌아가는 열차는 목구멍
침묵의 터널 속을 달리면서
저 빠르게 놓치고 가는 문자들 괜찮은가
삶은 지독하고 지루해도 용서해도 될 만큼 아름다운가,
찬찬히 보지 못하는 용량으로
오늘 잠깐 스치는 것만으로도 충분해서
기쁘게 여기까지 흘러왔다

돌아가는 길 눅눅하고 고독해도 등은 따습다

잠깐의 많은 것을 허비했기에
묵묵히 돌아선 등허리는 빈 마당
고즈넉한 공간으로
더 많은 걸 채울 수 있다는 겨울 빈객은
멋모르고 많은 걸 껴입었던
맨 가지에 쌓인 춘설처럼 잠시 적막하다

기찻길 옆

쉽게 벗어나지 못했다, 아내는
이사를 하고서도 꼭 필요한 것만 풀었다
굳은 입처럼 앙다문 보따리
다락이나 선반 구석구석 불만처럼 쌓아두었다
그리고 또 언제 떠날지 몰라
푼 짐들의 상자를 쉽게 버리지 않았다

늘 기찻길 옆이었다
꽃도 기적 소리에 피고 기적 소리에 졌다
낮은 처마 빛바랜 담 밑으로
연둣빛 애기 배추
우르르 땅 울리면 한낮의 햇살도 기울고
간고등어 굽는 냄새에
놀던 아이들이 돌아왔다

벚꽃 한 무더기씩 지는 아이들 웃음소리
기차는 떠나고 아이들은 컸다
아이들이 떠나고

기적 소리가 뜸해진 기찻길 옆
입냄새를 감추며 달빛에 젖은 밤꽃이
만날 듯 아스라이 닿아 있는 길 마중하듯
서리처럼 부스스 서 있다

피는 꽃 지는 꽃

늦은 밤 학교에서 돌아오는 아이 전화를 받고
우산을 들고나온 정류소에는
물방울만 통통 아스팔트를 쪼고 있다
꽃도 피지 않은 아직 이른 봄
이제 막 피어나는 우리 아이, 바람은 세고
빗방울이 장맛비처럼 굵다
꼭 이만큼이었는지도,
우산 없는 사람에게 잠깐 멎은 비로
행복했던 순간들 몇 번이었을까, 큰 이파리처럼
너의 처마가 꼭 되어주고 싶었지
올지 말지 두려움과 있을지 말지 기대감은
꽃피는 순간에서 벅차게 울게 했다
감당할 수 없는 것들도 짊어져야 했다
벗어날 수 없는 순간들은 고스란히 감내해야 했다
꽃이 핀다는 건 부끄러움이 커지는 중이야,
기다리는 버스는 오지 않고
우산 속에서 낡은 기다림 하나 동그마니 초라한
너의 작은 몸을 가릴 조바심은 커져만 간다

한 시절 지나간 듯 외진 곳에서
문득 뒤를 돌아보며 다음 꽃을 기다리는 상심은
우리 아이 오지 않고 빗방울 굵다.

창자

밤 열한 시에 퇴근한 술 좋아하는 남편에게
물이 좋아 사 왔다며
생물 오징어 한 마리 데쳐 내놓는데
당연하다는 듯 창자가 없다
욕스런 목울대는 어디 껍데기만 필요했겠나,
쉽게 챙겨지지 않는
고유명사는 간데없고
뜨거움에 껍데기만 부끄러워 발그레하다
다 보여줄 수 없었던 그것
껍데기만을 필요로 하는 곳에서 잠시
누구에게라도 맡긴 듯
슬그머니 윗목으로 밀어놓던 그것
반푼이 빙신 같아도 내내 홀로 지키는 일이다
모두 모두 껍데기에 반하고 껍데기로
치장하는 수상한 시절
가만히 뱃속 저 아래 그 밑까지 더듬어본다

돌아오면서 잠깐 내다본 차창 밖

생선 비늘 같은 구름 속에 부레처럼 뜬
반달은 상현달

아내의 인두화(畵)

바람 없이도 울컥 잎이 떨어지는 단풍나무 아래
많이 아프고 다시 살아난 아내가
인두화를 그리는 사내 앞에 오롯이 앉았다
한때 푸른빛은 잊은 듯
손등의 힘줄처럼 잎맥이 환한 마른잎 같이
조용히 웃고 있다

사내는 어찌 알았을까, 목판에
달군 인두로 지지듯 새기며 살아온 시간
자글자글 잔물결은 간데없고
어느 곱던 날, 시간이 멈춘 듯 사내는
아내의 서글픈 눈을 새겨내고 있다 더 이상
초췌하지 않다

누군들 한때 찬란하게 나부낀 시절이 없었으랴
쓸쓸한 웃음처럼 떨어지는 낙엽이 포물선을 그린다
인각의 아픔도 없이
담금질의 파문도 없이 어찌 봄이 오던가

고즈넉한 가을, 바람 소리가
가슴 저 밑을 지하수처럼 뚫고 지나간다

사내의 인두화는 좀체 멈출 줄을 모른다

냇가에서

삼십여 년 가까이 이 도시에서 살았다
그러나 한 번도 마르지 않고
흐르는 저 냇물
한때의 성시를 잃어버린 사양길의 터미널에서
버스도 다 끊긴 시각
그와 그녀를 만났다, 물 자락처럼
주름만 새겼을 뿐 어릴 적 모습 그리고 낯선 여인
금방이라도 돌아가 어울릴 듯
질컥한 점성으로 버무린 아귀찜으로 우선
허기부터 채우는데, 여인과는 뜨악하다
같은 도시에 살았으면서도
길에서 만나면 그냥 지나쳤을 도시의
밤 불빛에 부서져 일렁이는 물결
얕은 냇가 돌틈 사이사이로 흐르는 기억은
허물어지는 콩나물 사이
어느 부위인지도 모르는 추억을 두서없이 뒤적이면서
　참 가지런하게도 늙었구나,

우수 경칩이 초입인 살 속 파고드는 바람
물결을 거슬러 가는 바람을 등에 지고
씻은 듯 나는 오늘 냇가를 다시 걷는다

4부

봄꽃 어디쯤

꽃게가 톱밥 속에서 집게발 번쩍 쳐들고 있다
모래가 아닌 톱밥, 사람들은
제 아이 보라고 툭툭 건들며 장난질이다
대형마트 생선코너
산다는 게 때론 오욕스럽다
주방 생활 삼십여 년 일에 쫓기는 조리 노동자는
데어 화끈거리는 봄꽃처럼
프라이팬 안쪽으로
안쪽으로 급하게 불을 말아올리는 단단함도
꽃게처럼 집게발 쳐들고 싶다
숨을 쉬는 일은
불꽃 같은 노을 아득히 떠나온 개펄
한 접시로 덞어낸 꿈같은 아침들은
그리운 갯내 거칠게 익혀진 삶의 자리였다
옮길 때마다 이력서 한 장으로 욕된 몸값이 정해진다
물살 드센 곳 돌 틈 바위틈
이 도시 숨 쉴 곳 퍽퍽해도 아직은 활게다
물이 빠진 개펄의 긴 능선을 따라

홀로 찾아가야 할
다시는 돌아오지 말아야 할 물길이다
아직도 살아 있다는 걸 보여주기 위한 상술은
숨을 쉴 수도 없게 입에 톱밥이 묻어나
활게는 자꾸만 집게발을 쳐든다

칼의 미학 2

마음 내주기가 쉽지 않은 외길은
슬프지 않은 직선으로 그어가고 있었다
숫돌에서 닳아갈수록 탁한 눈물 씻고 보면
생은 가지런하고 또렷해졌다
길고 얇은 칼은 섬세하나
힘 조절이 정확해야 하기에
작은 장애물에도 흔들리기 일쑤였다
짧은 칼은 단단하고 그믐달처럼 예리해서
조금만 실수해도
건드리지 말아야 할 곳까지 상처를 내고 말았다
투박한 무쇠칼도 길들이면
손목에 질감이 느껴지지 않는 칼의 순수
칼 잡은 자를 다치게 하는 것은 언제나
벼리지 못한 무딘 날이었다,
힘만 들어갔기에 깊은 상처로 되돌아왔다
예리해야 가벼워지는 칼은
서툰 것 허락하지 않기에
물결의 정수리처럼 부시게 일어선

홀로 넘어야 할 눈빛이어서
아침 햇살에 억새풀 외눈으로 유연한 맘
살아남을 이유의 날을 다시 여민다

칼의 미학 3

칼이란 날이 푸르게 서 있을 때
갈고 닦아야만 오래도록 예리한 날을 유지했다
관계란 가까우면 예의를 잃기 쉬웠다
바람 따라 기분 따라 흥으로 흔들리는
광대의 손에서 춤추는 칼이 아니었듯
충직한 세 끼니 밥 앞에서 차마 놓을 수 없었다
내리치고 긋고 저미고 다지는 도마에
손금처럼 고스란히 받아낸
어지러이 앙금으로 선명한 자국들
시간이 지날수록 조금씩 때로 굳어가고
조금씩 멀어지고 오해와 원망이 쌓이는 삶의 자리
관계란 시간 앞에서 무디어져 갔다
하루를 마감하며 꼭 그만큼 무디어진 칼들
세상 어디에도 내가 꿈꾸는 삶이 없었듯
숫돌과 쇠가 묵묵히
시간 앞에서 똑같이 닳아갈 때
민낯으로 다가가 서로 아파해야 하는 자리
삶의 더께가 까맣게 눈물처럼 얼룩진다

한 겹만 벗겨내면 푸르디푸른 관계의 청명함
혹여 휘지는 않았는지
칼날에 오래오래 실눈을 댄다

차 꽁무니

아직 꽃도 피지 않은 봄날
납품 업자는 따로 보자고 한다
성의라고, 고마워서 그런다고 이제 곧 필 것 같은
목련 꽃잎 같이 수줍게 내민
새하얀 봉투

시장 새벽바람에 얼굴이 탄 사내는
참꽃처럼 웃었다
작은 성의는 때로는 큰 용기라고
진 꽃을 추억하며
시린 물 빨아올리는 나무줄기처럼

기어코 꽃들은 피리라
탓하기보다 마음만 받겠습니다,
코끝이 찡한 아침
돌아선 차 꽁무니를 맨 가지처럼 서서 바라보았다
아무렇게나 실려 있는

아직 퍼내지 못한 그의 짐이 풍치처럼 덜그럭
아침 햇살에 뒤뚱거리고 있었다

조리사 일기 1
―겨울나무

소 한 마리분의 내장을
부위별로 정리해놓고 가을도 끝난
나무 아래 섰다
아직도 그 선명한 빛이 가시지 않은
고기를 담근 통
한껏 흘려보낸 물빛처럼 노을이 피었다
물컹거리는 비린내보다도 허리의 통증
씻어내려 삼킨 막소주 한 잔으로 모자라
담배 연기를 폐 깊숙이 밀어넣는다

풀풀 날린다 흩날릴 것도 없는
시푸르딩딩 겨울 초입 저녁나절
민망한 듯 잎새 몇 개 겨울나무 뜨악하다
몸짓만이 남았구나
바람 앞에서 초연할 수 없었던 의지
맨 가지로 빈 하늘 받치고 섰구나

찬물에 퉁퉁 불은 손을 쓰다듬는다

이 손끝에서
많은 사람들 포만하여 행복했을까
내 아직 푸른 수액은
어떤 혈관으로든 타고 흐를 수 있을까
찬 밥덩이처럼 굳은 가슴 언저리
떨림도 없이 또 몇 잎
떨구는 까칠한 줄기 쓰다듬으며
다독이듯 내내 쓰다듬으며

조리사 일기 2
─안개

풀리지 않는 꿰미에 걸린 겨울 덕장
햇살은 얼음촉으로 유리 파편처럼 박혀
가닥가닥 균열이 가던 살은
현악기 고단한 줄처럼 트고 아물기를 반복하여
공명의 울음마다
면도날 같은 바람이 지나갔다

갈기갈기 찢겨져본 적 있었는가, 아직도
뿌연 통증의 새벽
만조로 일렁이는 사리 물때는 어느덧
뜨거운 팬에서 춤추듯 살판
앞시금 옆시금 어름사니 줄타기도
하, 찬물 끼얹고
욕스러웠다, 고단하게 우린 육즙으로
충직했던 세 끼니 밥이여

한 번 지쳐 쓰러질 때마다 알불에 데어
화상을 입을 때마다

버팀목 같은 신념 하나 챙기는 일은
맞교대 야간조 어지러운 기숙사
황태처럼 뼈마디 고단한 자세로 뒤엉켜도
까무룩 저녁별 보고 싶지 않았다.
중천에 기어오른 염천의 해를 베개처럼 끼고
홀로 헤엄쳐야 할 물굽이였다

조리사 일기 4
―겨울달

뽀얗게 우러난 국물이
겨울달처럼 말갛다
염통처럼 벌름거리며 끓어오르던
깊은 관절과 힘줄과 뼈마디
녹아 흐물거릴 때까지 우려낸 국물
산동네 가슴 시리던 겨울달 같다

끓이고 또 끓이고 토막난 사골과 반골
동동거리고, 엎어지고 넘어지고 부딪치고
먼저 떠오르는 두터운 기름층
대국자로 걷어내고 또 걷어내고
어느덧 비릿한 냄새도 가시고
구수한 냄새가 난다

구수한 냄새가 난다 애꿎게도
골분이 다 빠져버린 뼈다귀는
스펀지처럼 수천 개의 구멍이 뚫리고
손으로 만지면 가루가 되어버리는

주방 뚝배기 같은 사내 가슴 속
묵묵히 겨울달 하나 또 진다

조리사 일기 5
―자목련

내가 쓰고 난 면장갑이
꽃물 들인 것 같다
참꽃 내내 만지작거렸거나
봉숭아 꽃잎 참 예뻐서
몰래 만지작거리다 으깨버렸을까
고기를 다듬다가
흰 장갑에 물드는 꽃물
내장이라서 더욱 비린, 하아
많이도 길들여지고 마음 다독인 창밖
벚꽃 한 움큼 바람에 흩날린다
염장이처럼 만지작거리는
한 생명의 소화기관
눅눅하게, 어깨까지 젖어들어도
세끼 밥은 무심히
껍질을 벗기고 기름을 떼고
면장갑 아름드리 자목련 꽃잎처럼
가슴 가득 삶이 붉어 비릿하다

조리사 일기 7
―수련처럼

날마다 수인의 옷을 입으며
나를 걸어 잠그지
많이 얼룩지고 때 묻을 자리
하얀 위생복 단추를 채우며
서툰 솜씨로 다가가지 않겠다고
서툰 양념 하지 않겠다고
있는 듯 없는 듯
언제라도 지워질 수 있는 조연이라고
스스로를 낮추지
한때는 그 어느, 그들만의 자리에서
건강했을 생명들
내 손에서 잘려지고 저며지고 갈려지고
삶아내고 볶아내고 튀겨내고
흰 위생복이 땀에 절여지고
한 몸뚱이가 되고
구정물통 비누 거품처럼 머릿속 뿌옇다
절대 잊지 말자고
또 다른 삶으로 혼을 불어넣는 직업

오늘 비록 고달프고
진흙탕에 뿌리내려도, 수련처럼
맑은 꽃을 피워 보고픈 내 직업은
조리사

조리사 일기 12
―푸른 도구

날이 무디어졌다 수만 번
너의 손목을 잡아 서툰 목숨 연명했던
내 신체의 일부처럼
질감도 느껴지지 않는 나의 푸른 도구
본디 날이란
무디어졌을 때 손을 베이는 법
세상 무엇 하나 서툰 것 없는데
예리한 직선이 오죽하랴

오래 쓰지 않으면 금세 녹이 슬고
함부로 대하거나 업신여기면
금세 상처로 일깨우는, 감추지 않으리
깎아내고 잘라내고 고르고 골라야
하나의 진실
욕되지 않는 빛깔 앞에서
선명해지리

날을 세운다 고운 숫돌에 마음을 얹어

더 맑은 눈빛으로 다가가기 위하여
훌쩍 건너버린 강
하찮아도 소중하게 다루기 위하여
정갈하게 마음 여민다
새까만 녹물 닦아낸다

조리사 일기 22
—뒤웅박

깨진 바가지 몇 번이고 무명실로 꿰맸다
허리띠처럼 단단하게 조여 매도
바늘 지나간 자리는 퉁퉁 불었다가 오그라들고
한밤을 새듯 물 줄줄 다시 불었다가
모난 곳 부딪쳐 깨지면 다시 꿰맨
얼기설기 수숫대 들창처럼 바람 숭숭
누렇게 뜬 낡은 바가지에서
한숨처럼 비벼내던 단맛은 어디로 갔나

사는 게 노엽고 분해서 한 바가지 가득
만조처럼 겨우면 인광으로 튀는 욕설과 함께
설팍*으로 내던지듯 끼얹던 물바가지로
천근 같은 육신이 펄펄 끓을 때면
달빛도 섧게 소복한 밤
옹기에 물 동동 식칼을 띄우던 엎어지고
해진 바가지에서 앙칼진 여인은
무슨 양념으로 많은 날들을 무쳐냈던가

깨지고 빛바랜 기억들을 조금씩 조물조물
거슬러 갈 수가 없구나, 떠밀려와
어느새 아득한 자리 한 점으로도 지워지고
큰물이 진 듯 탁류의 거센 물살에
끈 떨어진 부표처럼 제 그물을 잃어버린
순백의 위생복은
모양으로만 가득 채운 근사한 한 접시
혼은 두고 없구나.

* 설팍 : '대문 쪽'이란 뜻의 전라도 방언.

곤계란

마른 바람이 광장 길 껍데기를 벗겨내고 있다
뭇생명들
세상에 태어날 때는 평등할 테지
아직도 껍데기가 덜 벗겨진 나른한 봄볕
꽃잎은 바람 끝에서 피어나리라
역전시장 수북이 쌓여
뜨거운 김에 쪄지는 윤기 없는 알들
제각각의 단단한 무표정은 암묵의 사연들
사내들의 보양식은 곤계란이다
얇아질 대로 얇아진 껍질의
마지막 순간
단 한 번의 끌질이 부족했던 모질지 못한 삶
피었나 싶었는데 꽃은 어느 결
깨진 형광등 유리처럼 조각으로 흩날리는가,
매순간 부조리한 현실 앞에서
우화의 깃털은
서툰 부리로 끌질처럼 홀로 쪼는 자리
기어이 깨고 나서야 할 계절은 아직 껍질 속이다

질척거리는 시장 바닥 수북이
깃털 같은 꽃잎이 환하게 떨어진다.

— 해설

두 개의 힘과 상처의 사유

박수연(문학평론가)

 이 글은 김광선 시의 주제에 대한 전체적인 해설이 아니다. 그의 이번 시집은 '칼의 미학' 연작이나 「조리사 일기」에 나타나듯이, 이전 시집 『붉은 도마』에서 이룬 주제와 언어를 여전히 핵심적으로 혹은 더 깊이 성취하여 다루고 있고, 이에 대한 해설은 이미 이성혁에 의해 잘 진행된 바 있다. 우리는 여기에서, 이전 시집의 실마리를 붙잡고, 다만 김광선의 시가 구성되는 원리를 몇 가지 살펴볼 것이다.
 시집에는 4부에 걸친, 네 개의 시적 대상이 있다. 직관적이고 명쾌한 이 대상들이 시집의 형식을 만들고 있기 때문에 분류된 영역들의 역할이 뚜렷이 나뉘는데, 1부는 시인의 청춘 회고, 2부는 시인의 어머니 회고, 3부는 현재의 삶, 4부는 주방 요리사의 삶을 형상화한다. 이 범주화는 물론 서로의 경계를 넘는 주제 의식으로 연결될 것이다. 이 사실을 굳이 재확인하는 것은 시인의 언어 사용 방법이 이 주제 배치에 고스란히 드러나기 때문이다. 분류 영역이 뚜렷하다는 것은 전달 내용의 경계가 분명하다는 것을 뜻한다. 김광선의 시는 뚜렷한 대상을 들고 독자에게 직진한다.

이와 달리 시인들이 시집의 순서를 주제나 소재에 따라 경계를 획정하기보다 그 영역들을 일부러 뒤섞는 때가 있다. 이번 시집과 달리 두 번째 시집 『붉은 도마』도 시집의 각 부가 여러 주제나 소재로 뒤섞여 있다. 시인들이 이런 시집 구성을 선택하는 데는 몇 가지 이유가 있을 텐데, 그것들은 모두 의미의 애매성에 지핀 채 언어적 긴장이라는 지평으로 수렴될 것이다. 이때 언어의 의미들이 시적 의도와 같은 것을 향해 서로를 밀고 당기는 과정은 단순한 언어 놀이를 목표로 하는 것이 아니다. 독자들을 미혹하는 수수께끼의 언어는 언어 놀이 너머의 세계를 향해 촉수를 뻗어두고 있는 상태여서, 놀이의 형식으로 그 세계를 드러내는 과정에 있을 뿐이다. 시의 한 부분으로서의 언어 놀이 외에, 시의 언어는 의미들의 긴장을 통해 결국 시인의 세계로 들어가게 되지만, 그곳으로 들어가지 않은 잉여들도 있어서 언제나 독자를 다시 기존의 의미 밖으로 불러 모으게 된다. 이 잉여야말로 시가 계속 읽히는 이유이다. 언어들이나 그 언어에 의해 환기되는 사건과 사물들은 이 잉여의 그늘에 머물며 독자들의 이해 속으로 들어가는 일을 한사코 보류한다. 한 편의 시가 이루는 이런 언어 긴장은 주제와 소재의 뒤섞임을 통해 시집 전체의 팽팽한 공간을 만들게 된다. 이 과정에 마음을 맡긴 독자들은 시집을 처음부터 끝까지 순서대로 읽는 사람이 아니라 이 긴장의 열도와 계열에 따라 미로를 탐색하며 읽는 사람이다.

김광선의 시가 독자들에게 직진한다는 말은 그러므로 그런 시어 운용 방식과는 정반대라는 사실을 뜻한다. 그가 일부러 그런 것이 아니라면, 그의 삶이 그렇다고 말해야 할 텐데, 이를 알려주는 시가 있다. 언어의 운용보다 언어로 재현되는 삶의 양상이 더 수수께끼 같을 때 시인에게 삶이란 도대체 어떤 것인가.

> 마음 내주기가 쉽지 않은 외길은
> 슬프지 않은 직선으로 그어가고 있었다
> 숫돌에서 닳아갈수록 탁한 눈물 씻고 보면
> 생은 가지런하고 또렷해졌다
> 길고 얇은 칼은 섬세하나
> 힘 조절이 정확해야 하기에

작은 장애물에도 흔들리기 일쑤였다

짧은 칼은 단단하고 그믐달처럼 예리해서

조금만 실수해도

건드리지 말아야 할 곳까지 상처를 내고 말았다

투박한 무쇠칼도 길들이면

손목에 질감이 느껴지지 않는 칼의 순수

칼 잡은 자를 다치게 하는 것은 언제나

벼리지 못한 무딘 날이었다,

힘만 들어갔기에 깊은 상처로 되돌아왔다

예리해야 가벼워지는 칼은

서툰 것 허락하지 않기에

물결의 정수리처럼 부시게 일어선

홀로 넘어야 할 눈빛이어서

아침 햇살에 억새풀 외눈으로 유연한 맘

살아남을 이유의 날을 다시 여민다

―「칼의 미학 2」 전문

    시인의 전언에 따르면 삶의 매 순간은 직선의 길이다. 직선이 명쾌할 때 길 위에 있는 삶은 오직 정면으로 향해 있고, 실수로 선이 흔들릴 때 삶은 상처 입는다. 길은 매번 앞으로 걸어가야 하는 길이기 때문이다. 한 치의 곁눈질을 할 수가 없을 때, 시인은 그곳에 온힘으로 직선을 긋고 또렷해진 생을 본다. 삶의 외길이라고 해도 좋다. 하나의 흐트러지지 않는 삶은 직선을 긋는 '깊고 얇고 섬세한 칼' 덕분이다. 물론 모든 삶의 시간은 언제나 장애물과 실수투성이어서 상처로 되돌아오기 일쑤다. 칼 혹은 길 앞에 있는 세계를 무디게 대면할 때 칼잡이는 세계로부터 상처를 입는다.

시는 그런데 직선을 긋는 삶의 세속적 완성 후에 나오는 언어가 아니다. 서정시가 성공한 삶의 구호가 아니라는 점에서 그렇다. 서정시가 대부분 낭만적 서정인 이유는 지금 이곳에 없는 대상을 노래하기 때문이다. 없는 대상이 부재의 고통을 야기하기 때문에 시인은 부재를 넘어서려 하고, 넘어설 수 없는 한계의 절벽 앞에서 시인은 다만 노래할 뿐이다. 절망의 한탄이거나 극복의 염원 둘 중의 하나일 시의 언어가 꾹꾹 맺혀 나오는 모든 순간이 노래가 솟아나는 순간이다. 이것이 노래인 이유는 삶의 굴절과, 굴절을 타 넘는 언어들의 지속 때문이다. 지상에서 지옥으로 다시 지상으로 오는 올훼의 노래가 바로 그 순간의 노래일 것이다. 김광선의 시가 이 실패를 바탕에 두고 씌어지고 있다면, 이 실패가 가져다 줄 불투명한 세계에 대비되는 것으로서 그의 시에 선명한 직선의 외길과 또렷한 생의 지향을 어떻게 이해해야 할까?

이 두 가지 갈래가 동시에 펼쳐진다면, 시집은 두 개의 힘이 나뉘어 서로 대면하는 장소라고 해야 한다. 그 첫째는 상처와 장애물의 힘이다. 김광선의 시는 상처로부터 거두어들인 꽃의 언어이다. 「칼의 미학 2」로 대표되는 그의 시의 구조 자체가, '또렷한 생 – 상처 – 눈부신 생'의 구조를 가지고 있음을 눈 밝은 독자들은 불현듯 알아챘을 것이다. '시작 – 중간 – 끝'이라는 서사적 전개를 해피엔딩이라는 상식으로 마무리하는 것이 아니라면, 시는 결말 이전의 상처들에 대한 기록에 무게를 둘 수밖에 없다. 이른바 추체험의 시공간이 여기에 있다. 과거의 시간을 다시 경험하는 시간은 현재이지만, 그것은 경험된 사건을 현재화하는 것이다. 현재 주체가 있는 장소는 지나간 사건을 의미화하는 곳이어서, 직선을 긋고자 하나 직선을 긋지 못하도록 하는 세계로부터 시인이 상처를 입었을 때, 시는 그 장소의 언어가 된다. 삶은 직선으로 표상되는 성공을 그을 수 없는 세계의 시간 속에 있고, 시인은 저 실패의 운명이 아직 끝나지 않은 것이라는 사실을 확신한다. 두 번째의 힘이 이렇게 나온다.

둘째는 상처와 실수를 온전히 극복하거나 건너뛴 후 '또렷한 생'의 확신으로 펼쳐지는 힘이다. 이 확신의 힘은 실패의 과거가 일어나기 전, 이를테면 직선의 외길이 중요하다는 생각이 가능하도록 했던 대과거의 사건들과 이어질 것이다. 어쩌면 그 반대일 수도 있다. 「칼의 미학 2」

의 중간 부분, 흔들리고 상처 입은 삶의 추억이 직선적 외길의 또렷한 삶에 대한 확신을 갖게 하는 바탕이었다고 해도 되기 때문이다. 시인은 이 사태의 선후 관계를 밝혀 놓지 않음으로써 이 인식을 아득한 추체험의 시간 속에 함께 묶어둔다. 예감의 시간을 여는 것은 그러므로 과거의 모든 것이다. 미래는 모든 삶이 도달하는 곳이지 일부만 선택적으로 도달하는 곳이 아니다.

이때, 시의 마지막 두 구절의 의미가 명확해진다. 두 개의 과거로부터 만들어졌을 현재의 세계 인식 혹은 세계에 대한 태도가 그것이다. "유연한 맘"과 "여민다"는 말은 시인이 과거의 인식과 추체험으로부터 도달하여 미래를 예감하고 있는 현재 시간의 내용이다. 시인의 눈앞에는 '억새풀 외눈'이 있다. 그것은 칼의 직선 혹은 삶의 외길처럼 뻗어 있는 자세지만 시인에게 그것은 '유연한 맘'의 형상이기도 하다. 예리하고 가벼워야 하는 칼의 길이 그것이라고 시인은 생각하고 있을 터인데, 그가 삶의 시간을 여미는 이유는 저 유연한 자세에 그의 모든 과거가 들어와 있기 때문이다. 대과거와 과거를 합하여 모든 시간의 결과일 "살아남을 이유의 날"은 시인이 지금 눈뜨고 있는 세상 자체이고 이로부터 만들어졌을 칼의 자세는 '유연한 맘으로 여미는 삶'일 것이다.

칼의 자세는 김광선의 실제 삶, 매일매일의 경험으로

부터 나온다. 그래서 그것은 이미 있는 세계에 대한 진술이기도 하고 아직 현실화되지 않은 세계에 대한 예감이기도 하다. 「칼의 미학 2」의 구절들 중 "마음 내주기가 쉽지 않은 외길은/ 슬프지 않은 직선으로 그어가고 있었다/ 숫돌에서 닳아갈수록 탁한 눈물 씻고 보면/ 생은 가지런하고 또렷해졌다"는 경험에 대한 진술이고, "예리해야 가벼워지는 칼은/ 서툰 것 허락하지 않기에/ 물결의 정수리처럼 부시게 일어선/ 홀로 넘어야 할 눈빛"은 예감의 표현이다.

두 개의 힘은 요컨대 또렷함과 애매함이라는 의미 구성의 기원이다. 김광선의 시집은 그 또렷함의 삶에 대한 두 겹의 주장을 표현한다. 삶이 그래야 하고, 시집 구성이 그렇기 때문이다. 삶이 그렇다는 것은 「칼의 미학 2」에서 충분히 표현되어 있다. 시는 1연 21행의 형식이고, 내용은 세 부분이다. 이미 부분적으로 분석했듯이 또렷한 삶의 경험이 시의 서두에 진술되고, 또렷해야 할 삶의 다짐이 시의 결어 부분에 진술되는데, 실수와 상처로 계속되는 삶의 시간이 한가운데에 있다. 이 경험들은 경험되었다는 점에서 과거이다.

시집의 시편들을 소재에 따라 각 부에 명쾌하게 분류한 것을 이 다짐과 이어보도록 하자. '칼'의 이미지가 온 힘을 다한 직선의 모습일 때 명쾌하고 또렷한 분류의 힘이 만들어진다고도 할 수 있다. 따라서 그 태도가 언어에 대한 태도일 뿐만 아니라 삶의 태도이기도 하다는 사실을 독자들은 잘 알 수 있는데, 이전 시집 『붉은 도마』로부터 이어지는 칼의 상상력은 뜻하지 않은 방식으로 표면화되기도 한다.

> 밤 열한 시에 퇴근한 술 좋아하는 남편에게
> 물이 좋아 사 왔다며
> 생물 오징어 한 마리 데쳐 내놓는데
> 당연하다는 듯 창자가 없다
> 욕스런 목울대는 어디 껍데기만 필요했겠나,
> 쉽게 챙겨지지 않는
> 고유명사는 간데없고
> 뜨거움에 껍데기만 부끄러워 발그레하다
> 다 보여줄 수 없었던 그것
> 껍데기만을 필요로 하는 곳에서 잠시
> 누구에게라도 맡긴 듯
> 슬그머니 윗목으로 밀어놓던 그것
> 반푼이 빙신 같아도 내내 홀로 지키는 일이다
> 모두 모두 껍데기에 반하고 껍데기로
> 치장하는 수상한 시절
> 가만히 뱃속 저 아래 그 밑까지 더듬어본다

> 돌아오면서 잠깐 내다본 차창 밖
>
> 생선 비늘 같은 구름 속에 부레처럼 뜬
>
> 반달은 상현달
>
> —「창자」 전문

    시의 동력이 해체의 상상력이라면, 그것의 눈에 보이지 않는 도구가 칼이라는 것은 가장 상식적인 이해이다. 시는 이 상식이 다만 요리의 수준에 그치는 것이 아니라는 사실을 알려준다. 해체되는 것은 오징어 창자가 아니고 인간의 내면이다. 그렇다면 칼은 인간의 세계에 언제나 상처를 남기는 도구일 것이다. 칼이 항상 세계에 상처를 주는 이유에 대해 시인은 이미 「칼의 미학 2」에서 충분히 말해주고 있는데, 서툴고 무딘 행동의 실수가 바로 그것이라고 시인은 말하는 중이다. 시인의 특별한 언어 감각이 발휘되는 곳이 이곳이다. 그 상처를 비유하면서 시인은 "생선 비늘 같은 구름 속에 부레처럼 뜬/ 반달"을 찾아내는 시선이 그것이다. 이런 언어는 이 삶을 살지 않은 사람에게는 도대체가 가능하지 않은 것이다. 상처 입은 삶의 아름다움을 노래하는 시는 많지만, 생물 고기에서 떼어냈을 비늘과 부레를 밤하늘에서 발견하는 자세야말로 진짜 상처의 비린내가 아닐 수 없다. 이것을 사랑하는 사람은 정말로 세계를 사랑하는 사람이다. 세계를 구제하는 기운이라고도 할 수 있다.

살아온 삶의 내용에서 시인의 언어가 만들어지리라는 사실은 충분히 예상 가능하다. 그러나 그것을 일반적인 시 문법, 요컨대 체험과 미적 변형 정도의 언어 구성이라고 생각하면 안 된다. 그의 체험은 그의 삶의 시간 전체이다. 이와 함께, 잘 구획된 소재들을 4개의 부로 나눈 시집 구성법이 의미하는 것을 다시 생각해본다. 이 시집 구성은 예리하고 가볍게 만들어진 칼날로 대상들의 경계를 나누고 명확한 요소들로 해체하는 시적 주장들의 형식화 작업에 해당한다고 할 수 있다. 이런 분류 작업이 흔들릴 때의 결과가 치명적이라고 '칼의 논리'가 주장하고 있다면, 그와 연관된 삶으로부터 나오는 언어가 마찬가지의 의미를 지녀야 한다는 것도 분명하다.

그런데, 이로부터 특별한 사태가 발생한다. 저 엄격하고 절제된 행동의 규율이 스스로를 벗어나는 사태로 나아가는 것이다. 우선, 각 부로 구획된 소재들의 묶음을 유사한 것들의 집합이라고 이해한 다음, 다른 소재들의 묶음과 상호 대비할 때, 하나의 유사성은 다른 분류 영역의 표상들에 대비되어 의미화될 것이다. 근대적 언어 사용은 이 의미화의 형식적 법칙을 이해하고 준수하는 절차이다. 시인들에게 이 형식화 과정이 이미 사회적으로 형성된 삶의 노동 규율과 등가적이라면, 시인의 언어가 삶의 규율을 표상하고 마찬가지로 규율을 의미화하는 것은 필연적인 일이 된다. 시와 시집이 새로운 의미를 발생시키는 것은 이런 절차의 충돌 결과이다. 충돌은 형식화된 영역들의 일탈에 의해 일어나고 따라서 실수와 실패라고 말해지는 행동과 지향을 동반하는 것이다. 시인은 '칼의 미학' 연작에서 이 과정의 섬세하고 정확한 절제를 요청하지만, 실제로 시인이 더 많은 언어와 성찰을 이루는 것은 그 정확하고 또렷한 삶의 외길을 벗어나는 때이다. 이것이 시와 삶의 역설이라면, 시인은 그 역설을 온몸으로 받아들이는 사람이다. 「창자」는 이런 시적 자각이 불현듯 나타나서 시인 자신의 아랫배를 만지고, 하늘에서 부레 같은 반달을 발견하는 시이다. "오징어"와 '시인의 아랫배', "부레"와 "반달"은 세계의 사물들이 스스로의 영역을 넘어 동일한 세계로 나아가는 사건들의 의미화 장치이다. 시를 일부러 애매하게 하고 독자로 하여금 의미 생산의 주체가 되도록 하여 공감의 상상력을 확장하려는 언어 방식이 문법처럼 되어 있는 때에 김광선의 시는 그 반대를 지향하고 있는 것이다. 그것을 외길을 벗어나는 사태의 무의식적 상상과 결과라고 할 수 있다면, 따라서 시는 실수와 실패의 아픈 꽃이라고도 할 수 있다. 시가 삶을 배반해도 되는 경우는 바로 이때이다.

「조리사 일기 1」은 자기 연민과 그것의 극복이라는, 극복하기 쉽지 않을 마음 상태를 고스란히 전한다.

> 찬물에 퉁퉁 불은 손을 쓰다듬는다
> 이 손끝에서
> 많은 사람들 포만하여 행복했을까
> 내 아직 푸른 수액은
> 어떤 혈관으로든 타고 흐를 수 있을까
> 찬 밥덩이처럼 굳은 가슴 언저리
> 떨림도 없이 또 몇 잎
> 떨구는 까칠한 줄기 쓰다듬으며
> 다독이듯 내내 쓰다듬으며
>
> ―「조리사 일기 1」 부분

자기 극복이라는 시적 내용은 찬물에 불은 손을 쓰다듬는 행위의 이미지로부터 나온다. 손을 쓰다듬으며 화자가 생각하는 일은 '많은 사람들이 포만감에 취했을 행복'이고, '자신의 수액이 다른 사람들의 몸속을 타고 흐르는 일'이다. 아마 이 마음을 잘 여며준 것은 역설적이게도 칼이 함부로 휘둘리는 이 세계 자체일 것이다. 자기를 쓰다듬을 줄 아는 사람만이 그 힘으로 폭력의 세계를 동시에 쓰다듬을 수 있기 때문이다. 여전히 세계를 명확히 구획하는 기능을 한몸에 구현하고 있을 화자가 마침내 도달하는 곳은 그러므로 화자 자신의 행복이 아니라 그가 제공한 음식으로 몸피를 불리고 있는 타자들의 행복이 있는 곳인데, 이 타자 구휼이 화자의 간절한 자기 독려라는 사실을 아는 사람은 다음 시의 경위도 알게 될 것이다.

> 허름한 난로 앞 외면하듯 돌아서서 데우는
> 시간의 북쪽은
> 군더더기 하나 없는 메마른 등짝이다
> 얼굴을 보지 않고도 익히 아는
> 엇비슷한 허드렛일 기다리는 졸음이
> 말 걸어올까, 먼 시선은 서로에게 등짝을 대고
> 순번을 기다리며 묵묵히 먼동이 트는
> 남보다 이른 아침이다
>
> 다 한때였다고 가슴의 물보라
> 내다보면 저 휑한 길거리처럼 먹먹한데
> 봄꽃처럼 흩날린 기억일 뿐
> 호명되는 이름 오늘 그는 무사하구나,
> 햇살처럼 튕겨 나가는 그들의 호구
> 우리들의 절벽은 닮아 있어
> 더욱 완강하게 보이지 않으려는 치부였을까

하루에도 수없이 들키고 살았을
계곡처럼 살 한 점 없이 허물어진 가파른 경사
염원이 거기에 있어
약은 체 밝은 곳으로만 딛지 않았어도
분주하게 아등바등 삶이여
안타까운 햇살이 얼굴에 스며든다, 어느새
내 북쪽은 민낯으로 어찌할 바를 모르고

—「북쪽」 전문

　이면우 시인의 「생의 북쪽」에서 가져온 '북쪽' 이미지가 다시 사용된 이 시에서 독자들은 상처 입은 사람의 안타까운 조바심을 본다. 앞에서 말했듯이 서정시가 상처로부터 씌어지는 시이기 때문에 안타까운 조바심은 하나의 상처이자 꽃의 거름이 될 삶의 형식일 것이다. 「북쪽」은 그 상처와 삶의 바탕 위에서 모든 삶이 맨얼굴을 드러내는 곳이다. 시인은 그곳을 사람들의 메마른 등짝이라고 쓴다. 그곳에 햇빛이 비칠 때, 저 쓰린 상처의 고통이 적나라하게 드러날 때, 고통마저 부끄럽다고 느껴야 하는 사람이 있다는 사실이야말로 이 세계의 모든 책임일 텐데, 시인은 한사코 자신의 몫으로 그것을 가져간다. 그는 어찌할 바 모르는 사람이다. 그가 이런 사실로부터 자유로웠던 때가 없는 사람이라면, 이것이 바로 세계가 그에게 준 상처 아니겠는가. 이것이 상처라면, 세계라는 칼이 그의 몸에 부린 흉한 기억들이 그 원인일 것이다.

우리는 그의 시에서 (특히 1부에서) 상처와 꽃의 상관관계를 보면서(「상처의 꽃」), 이 관계가 단순한 비유가 아니라 그의 삶의 온힘으로 만들어지는 상상 관계임을 생각하게 된다. 아니 이것은 비유도 아니고 상상도 아닌 사실 자체다. 그의 시가 또렷한 실체에 대한 생각과 서술들로 구성된다는 것은 그러므로 이 세상에서 살아남기 위한 그의 안간힘이 가져온 결과이다. 이로써 그의 시가 삶의 규정이라는 사실이 드러난다. 그의 시는 세계 앞에서 그치지 않고 연마되는 한 자루 칼이다.

삶창시선

1	山河丹心	___이기형
2	근로기준법	___육봉수
3	퇴출시대	___객토문학 동인
4	오래된 미신	___거미 동인
5	섬진강 편지	___김인호
6	늦은 오후에 부는 바람	___젊은시 동인
7	아직은 저항의 나이	___일과시 동인
8	꽃비 내리는 길	___전승묵
9	바람이 그린 벽화	___송태웅
10	한라산의 겨울	___김경훈
11	다시 중심으로	___해방글터 동인
12	봄은 왜 오지 않는가	___이기형
13	거미울 고개	___류근삼
14	검지에 핀 꽃	___조혜영
15	저 많은 꽃등들	___일과시 동인
16	참빗 하나	___이민호
17	꿀잠	___송경동
18	개나리 꽃눈	___표성배
19	과업	___권혁소
20	바늘구멍에 대한 기억	___김형식
21	망가진 기타	___서정민 유고시집
22	시금치 학교	___서수찬
23	기린 울음	___고영서
24	하늘공장	___임성용
25	천 년 전 같은 하루	___최성수
26	꽃과 악수하는 법	___고선주
27	수화기 속의 여자	___이명윤
28	끊어진 현	___박일환
29	꽃이 눈물이다	___강병철
30	생각을 훔치다	___김수열
31	별에 쏘이다	___안준철
32	화려한 반란	___안오일

33	꿘투	___이장근
34	헛된 슬픔	___박순호
35	거꾸로 가자	___윤재철
36	불량 젤리	___김은경
37	달을 가리키던 손가락	___조동례
38	식물성 투쟁의지	___조성웅
39	혹시나	___함순례
40	실비아 수수께끼	___이진희
41	시월	___이중기
42	사랑의 뼈들	___김수상
43	집에 가자	___김해자
44	정오가 온다	___황규관
45	벽암록을 불태우다	___노태맹
46	국수는 내가 살게	___김정원
47	몸의 중심	___정세훈
48	통증을 켜다	___손병걸
49	물에서 온 편지	___김수열
50	꽃보다 먼저 다녀간 이름들	___이종형
51	벚꽃은 왜 빨리 지는가	___이은택
52	내일은 희망이 아니다	___표성배
53	사랑해요 바보몽땅	___강병철
54	몇 걸음의 고요	___이미경
55	강철의 기억	___이철산
56	검은 잎사귀의 노래	___황재학
57	우리가 너무 가엾다	___권혁소
58	아무도 달이 계속 자란다고 생각 안 하지	___강민영
59	우리는 새로 만난 사이가 되었다	___김영서
60	사라지는 시간들	___김주태
61	오늘은 밤이 온다	___우혁
62	새들은 날기 위해 울음마저 버린다	___김용만
63	벌레 한 마리의 시	___김승립

64	늦은 꽃	___이현조
65	바람을 낳는 철새들	___정선호
66	섬에선 바람도 벗이다	___강덕환
67	광주의 푸가	___박관서
68	이파리 같은 새말 하나	___변홍철
69	붉은색 옷을 입고 간다	___김윤삼
70	분홍달이 떠오릅니다	___박영선
71	기침이 나지 않는 저녁	___박한
72	길을 잃고 일박	___조동례
73	시간을 사는 사람	___송태규
74	낯선 곳에 도착했다	___김영서
75	부추꽃이 피었다	___이재근
76	너무 즐거워 견딜 수 없다는 듯	___이은택
77	쏠 테면 쏘아 봐라	___양기창
78	숨비기 그늘	___김형로
79	가슴이 먼저 울어버릴 때	___박노식
80	겨울나무로 우는 바람의 소리	___조선남
81	너머의 너머	___이강문
82	몸이 기억하고 있다	___이한주
83	순창시장 참기름 집	___오진엽
84	쓰고 싶었던 반성문	___이준희
85	돌배나무꽃은 피었는데	___정낙추
86	골목이 골목을 물고	___최종천
87	낮혼	___김수열
88	민주주의 4.4	___함태숙
89	땀이 눈물보다 짜서	___김영서
90	상처도 오래 묵으면 꽃이 된다	___김광선